Alessandro Berni

_____

VENITE A VEDERE MADRID

Una commedia gentile e inquietante

Ai miei genitori

Nota dell'autore: L'unica musa ispiratrice di quest'opera è stata la volontà di mettere in scena l'attesa dell'osceno, fino al togliersi di scena della vita.

Ogni riferimento a persone, fatti ed eventi, se si esclude il tragico evento in sé dell'esplosioni avvenute a Madrid l'Undici Marzo 2004, è puramente casuale.

Tutti i registi che sceglieranno di rappresentare quest'opera sono invitati a fare arte nel rispetto del codice penale del loro Paese.

Personaggi

(In ordine d'entrata in scena):

Il giullare: vive matto e senza casa. Vive come le nuvole.

Una venditrice ambulante: vende vertigini di colori, amori immaginati e speranze tutte nuove. Fai la tua offerta e prendi quello che ti serve. In cambio si contenta di un cuore nuovo.

Uno studente filosofo: Profondamente superficiale, ha fatto del corteggiamento e della spontaneità una scelta di vita. Convinto di vivere nell'era dei supermercati, ogni volta che apre il frigo, pensa che il mondo sia meraviglioso.

Due turiste: Sicure che è sempre una buona cosa viaggiare, non ogni giorno trovano cose piacevoli, ma ad ogni viaggio incontrano cose nuove.

Una cameriera, una ragazza che ama cantare: misteriosa e fragile, sono molti gli avventori che vengono nel bar dove lavora solo per lei. Tra questi, c'è un uomo forte e ricco. Oggi te lo negherebbe senz'altro, ma presto gli dirà di si.
Da quel giorno, ogni volta che qualcuno le chiederà notizie di quel giovane poeta che senza volere le scriveva canzoni d'amore, per un lungo attimo, non dirà più niente.

Un poeta, un ragazzo qualunque: Scrive la vita che non riesce a vivere. Non appartiene a nessun luogo. Per questo in ogni posto che visita trova un nuovo tassello per ricostruire se stesso.

Un manager. Dove finisce il suo corpo comincia il resto del mondo. Usa le parole come servissero solamente per comprare consensi, per vendere tutto quello che non gli serve più. Per lui esistono solo due stili di vita: quello aggressivo e quello perdente.

Un contabile: A forza di frequentare persone senza sentimenti per gli altri ha finito di smettere di avere sentimenti per se stesso. Si accontenta d'esistere dentro una giacca qualunque a contare gli incassi del giorno; i treni che passano; i rimpianti che crescono.

Un ragazzo africano, un vu cumprà: Status sociale: immigrato clandestino. Ha vissuto la guerra. Per questo, più di tutti, vuole la pace.

Uno studente giornalista: Come un cerchio nell'acqua, vive debolmente, non sa nuotare.

Uno studente anarchico: Del suo paese contesta il cuore. È sicuro che presto il suo governo sarà solo polvere e tre righe sul giornale.

Un ubriacone: Un uomo vecchio, un uomo che quella sera aveva bevuto per ricordare quando la sua vita era solo un mazzo di carte coperte, e la voglia di scoprirle, doveva ancora nascere.

Un soldato: Ha scelto la divisa per fame. Un bravo ragazzo,   un   coglione.

Un prete: Un uomo buono nonostante tutto. Crede in Dio, in Mozart e in Michelangelo. Prega perché gli uomini smettano di distruggersi. Tutte le sere.

Due voci: una è solo una voce, l'altra è la voce di Dio, forse.

Il sipario è color giglio, attraversato da una striscia nera.

ATTO PRIMO

Madrid, 10 Marzo 2004 Plaza de colon. Ad un lato, un bar chiuso. Alcuni tavoli e sedie.

Prologo

In scena, il giullare. È vestito come il sipario.

(Un urlo, tante urla. Di una persona sola.)

Il sipario si apre a strattoni, con violenza.

(Il giullare grida e si agita come scappando, volando)

Il giullare:
Mi hanno visto? Mi hanno visto? Accidenti! Forse no!
(Risata isterica.)
E se invece mi avessero visto? Se anche adesso mi stessero controllando e facessero finta di niente?
Tutto. Lo sapevo. Sanno tutto. Sanno tutto e continueranno a fare finta di niente. Perché anche a loro conviene sembrare di non esserci.
Quello che devo fare: ma si!
(Slancio di gioia.)
Si, non devo farmi vedere preoccupato.
Ta-ta-ra-ta-ra.
Ah la paranoia di sentirsi osservati è qualcosa di terribile. Soprattutto quando si è sicuri di essere

osservati.

Ta-ra-ra-ra

Una telecamera.

Eccone un'altra.
Poi quella lì.
Ta.

Che ore sono? Che ore sono in questi giorni dove ogni ora non è mai solo un'ora, ma una lacrima che si asciuga al sole?

(Guarda l'ora sul cellulare.)

Hi! E' colpa sua.
Anche con il cellulare possono sapere dove sono, con chi parlo, chi odio e chi amo.
Se sanno sempre dove sono, la colpa è soltanto sua.
Accidenti a lui.

(Getta il cellulare.)

Toh!
Lo chiamano grande fratello. Ma anche il grande fratello non è più quello di una volta. Una volta gli bastava guardare. Ti osservava solamente.
Oggi balla e canta. Canta e balla al posto tuo. Ora è lui e solo lui che vuole essere guardato.
Ah, ora ci penso io:

(Tira fuori una bomboletta spray.)

Ci penso io e voglio metterlo per iscritto:
Uno può sorridere, ridere e far divertire
ed essere un infame.

(Si sente un tonfo.)

Cos'è stato?

(Guardando il nulla come un nemico invisibile, poi
come un gruppo di arcieri.)

No, no. Io non c'entro niente. Non sono stato io.
Io non posso essere stato.
Io non esisto!

Il giullare esce di scena scappando.

Aah!

**Scena prima - Sulla primavera. Sull'Europa. Sul
mondo.**

*In scena la venditrice ambulante. Di seguito lo
studente filosofo, le due turiste.*
(*Entra la venditrice ambulante.* Entra insieme alla
sua bancarella. La venditrice appare in mezzobusto,
come dentro ad un teatrino delle marionette. Lei è la
marionetta.)

Venditrice ambulante:
Mele! Mele direttamente dal paradiso! Direttamente
dall'albero della conoscenza!
Bastano due morsi per scoprire tutto quello che
volete sapere.
Non importa quante cose conoscete oggi,
domani non saranno abbastanza.

Entra lo studente filosofo.

Acqua! Acqua in cenere!
Per quando i vostri occhi vi diranno di avere sete di
vedere cose nuove.
Perché la vita è molto di più di un deserto
d'emozioni
attraversata da qualche oasi di consolazione.

Entrano le due turiste.

E poi un calendario.
Un calendario che finisce oggi e comincia dal giorno
in cui siete nati.
È scritto con inchiostro blu
come il sangue dei ricchi
e la sua rilegatura è nera
come la pelle dei poveri.

(Rivolgendosi allo studente filosofo.)

Ciao mio bel giovane. Sei interessato al calendario?
Ti bastano dieci euro. Dieci euro per scoprire il tuo

passato.
Dieci euro per sciogliere questo fiocco
rosso
come le gote di una vergine quando sogna un
orgasmo.

Studente filosofo:
Va bene, lo prendo.
Grazie.

Venditrice ambulante:
È te che devi ringraziare. Tutti gli uomini dovrebbero
conoscere bene il proprio passato.
Ti sei fatto proprio un bel regalo. Bravo.

(Rivolgendosi alle due turiste.)

Per voi ragazze invece ho questo rosario.
La sua croce riposa su un piccolo letto di piume
piovute da lontano e vedete i suoi grani? Sono fatti
di petali di notte che avvolgono spine di luce.
Un bel rosario per dirvi che Dio c'è e vi saluta tutti.

Le due turiste:
(Risate.)

La prima turista:
E meno male!

Studente filosofo:
Ehi, ma è bianco.
Il mio passato. Voglio dire, il libro è bianco. Non c'è
scritto niente.

Venditrice ambulante:
Vuol dire, mio caro bel filosofo, che ancora devi nascere.

Studente filosofo:
Mi hai fregato anche stavolta.

Venditrice ambulante:
Non è colpa mia se il mondo è pieno di farfalle che rimangono bruchi tutta la vita.

Due turiste:
(Ancora risate.)

Studente filosofo:
Ora non esagerare. Se non ricordo male con questo bruco ci volevi passare tutta la tua vita.

Venditrice ambulante:
Oh, di più, molto di più.

Ma ora per piacere lasciami lavorare.
Forza! Signori venghino, forza!
Semi fatati. Semi di girasoli che hanno scordato di sfiorire. Per seminare, dentro il vostro animo, una bellezza che mai piegherà la testa al tempo.

Prima turista:
E questo invece?

Seconda turista:
Si, cosa c'è dentro quel sacchetto?

Venditrice ambulante:
Quale?

Prima turista:
Quello.

Venditrice ambulante:
Qua dentro?

Seconda turista:
Si, là dentro.

Venditrice ambulante:
Venite più vicino.
In questo sacchetto, c'è la cosa più preziosa.
Semi di denti di drago.
Semi che se innaffiati a dovere faranno nascere
uomini fedeli ed armati d'amore
che vi difenderanno dagli sbagli che commetterete
domani.

Prima turista:
Che meraviglia.

Venditrice ambulante:
C'è solo una condizione da rispettare.
Per crescere, questi semi hanno bisogno di essere
piantati vicino al mare.

Seconda turista:
Oh, ma allora io non posso averne. Io dal mare abito
lontana.

Prima turista:
Ma io invece si. Ne prendo due. Uno per ciascuna.

Venditrice ambulante:
Ogni seme costa 2 euro. Ve ne regalo due in più. Non
si sa mai.
Un uomo fedele di riserva può sempre far comodo.

Prima turista:
Grazie.

Seconda turista:
Mi raccomando, non perderli.

Prima turista:
Non temere, li proteggerò bene. Eccoli qui, dalla
parte del cuore.

Studente filosofo:
Sono sicuro che se conservati in un luogo così caldo
ed accogliente,
i vostri semi non potranno che dare buoni frutti.

Venditrice ambulante:
Ancora sei qui? Ma stasera non avevi il calcetto?

Studente filosofo:
La partita settimanale è stata spostata al lunedì, mi
sembrava di avertelo già detto.
Ora lasciami giocare quest'altra partita:
Ragazze?
Di preciso da dove venite?

Prima turista:
Io da Monaco.

Studente filosofo:
Ma che coincidenza. Io ho una zia che è in vacanza a Monaco. Monaco è in Francia giusto?

Venditrice ambulante:
No. Monaco è a Monaco.

Studente filosofo:
Oh, non mi confondere. E tu, da dove vieni?

Seconda turista:
Da Berlino.

Studente filosofo:
Ah Berlino, che città meravigliosa! Io non ci sono mai stato, ma ho un cugino che ci va quasi ogni mese e poi mi racconta tutto! Mi ha detto che ogni volta che entra in quella città ha come l'impressione di arrivare dentro una ferita. Una ferita enorme che ancora non ha smesso di sanguinare.

Seconda turista:
Tutte le città del mondo sono piene di ferite. Basta conoscere la storia di ognuna per scoprire che ogni loro pietra è stata bagnata da almeno una goccia di sangue.

Studente filosofo:
Già. È per questo che io della storia della mia Madrid non voglio sapere niente.

Troppo dolore ha partorito la mia vita piena di gioia.
Siete arrivate da poco in città?

La seconda turista:
Giusto ieri.

Studente filosofo:
E adesso dove state andando?

La prima turista:
Stiamo andando al mercatino delle pulci di El rasto a
comprare qualche ricordo.

La seconda turista:
Da molte parti ho visto un'insegna con un orso, un
albero e sette stelle. Per caso è lo stemma della
città?

Studente filosofo:
Esattamente.

La seconda turista:
E quei simboli cosa rappresentano?

Studente filosofo:
Quali?

Venditrice ambulante
L'orso, l'albero e le sette stelle.

Studente filosofo:
Oh, non lo so. Non lo so semplicemente perché non
lo sa nessuno.
Nessuno sa cosa significa esattamente lo stemma

della città, però è bello e a me mi basta.

Venditrice ambulante
Le stelle dovrebbero rappresentare le sette colline di
Madrid e l'orso...

Studente filosofo:
Comunque il mercatino delle pulci a El Rasto c'è la
domenica ed oggi è giovedì. Quel mercatino è
straordinario. Ogni volta che ci vado comincio a
guardare e a toccare tutto e poi a gridare: mercanti,
guardate di quante cose non ho bisogno!

(Rivolto alla venditrice ambulante.)

Solo da lei riesco a trovare tutto quello che mi
manca. Il mio passato compreso.

Venditrice ambulante:
Anch'io sono una mercante, ma il mio cuore è rotto,
per questo non è più in vendita.
Sei sicuro che ora non te ne devi andare?

Studente filosofo:
Ehi, ragazze?
Ho una bella domanda per voi:
Avete voglia di fare due passi insieme?
Conosco la mia città meglio delle mie tasche.

Seconda turista:
Mm, non saprei.

Studente filosofo:
Fidatevi di me.
Vi porterò lontano dai soliti percorsi tradizionali per turisti.

Venditrice ambulante:
Oh si, fidatevi di lui: qualche ora con questo "gatos" madrileno e vi ritroverete in mano le chiavi della città.

Seconda turista:
Tu che dici?

Prima turista:
Oh, perché no!

Studente filosofo:
Allora andiamo!

Seconda turista:
Aspetta.

(Rivolta alla venditrice ambulante)

Ti lascio la mia e-mail, così se passi per Berlino mi fai sapere e prendiamo un caffè insieme.

Prima turista:
Si, scrivi, non ti dimenticare, così rimaniamo in contatto.

Venditrice ambulante:
Con piacere. E ancora benvenute a Madrid, bella

capitale della più bella delle penisole erranti.

Prima turista:
Hasta la vista e grazie per i denti di drago. Spero di baciare presto i suoi frutti.

Secondo turista:
Hasta la vista, speriamo di rincontrarsi un giorno.

Venditrice ambulante:
Lo spero anch'io. Divertitevi.

Studente filosofo:
Hasta la vista, bonita!

Venditrice ambulante:
Hasta la vista anche a te..

Escono le due turiste e lo studente filosofo.

Venditrice ambulante:
.. Cabrones.
Per lui avevo dei sogni d'amore.
Ma poi li ho buttati
In fondo alle scale,
In cima a un mondo di motivi giusti.
Ed ho fatto bene.
Ed oggi,
oggi
che ancora lo amo,
tutto quello che vorrei
è smettere di amarlo oppure amarlo di più.

Scena seconda – Non tutti possono amare, solo i migliori, oppure i poeti.

In scena la venditrice ambulante, la cameriera, di seguito il poeta.

(*Entra la cameriera.* Comincia a sistemare i tavoli del locale)

Venditrice ambulante:
Una goccia di vento tatuata su ogni perla delle collane che vedete!
Una scatola color giorni d'estate piena di polvere di sarcasmo per incipriare il naso dei discorsi.
Avanti signori, fermatevi davanti a questa bancarella e fate la vostra offerta
In cambio mi contento di un cuore nuovo.

Cameriera:
Buongiorno mia cara venditrice ambulante, come siamo romantiche oggi.

Venditrice ambulante:
Buongiorno, come sta la più dolce cameriera di Madrid?

Cameriera:
Diciamo che a parte le cose che vanno male, tutte le altre vanno bene.
E te, come vanno gli affari?
Sei riuscita a vendere qualcosa?

Venditrice ambulante:
Oh, riesco a vendere un pò di tutto. Solo le mele non le vuole nessuno.

Cameriera:
Ormai il sapere è fuori moda.

(Entra il poeta. Si siede ad uno dei tavoli)

Venditrice ambulante:
È vero. Molto meglio un paio di scarpe col tacco. Ehi, ti è già arrivato il primo cliente. È pure molto carino.

Cameriera:
Chi quello?
È soltanto un tipo che da un pò di tempo ha preso a venire qui tutte le sere.

Venditrice ambulante:
Guarda che io non sono un serpente.

Cameriera:
Eh?

Venditrice ambulante:
A me non m'incanti.

Cameriera:
Non ti cosa?

Venditrice ambulante:
È inutile che fai finta di non capire. È dalla prima sera

che è arrivato che gli hai messo gli occhi addosso.
Dì la verità, ti piace eh?

Cameriera:
(Sospiro)
É un ragazzo così strano. Così intrigante. Non parla
mai con nessuno.
Praticamente sembra non avere amici.
Viene qui e se ne sta tutto zitto a scrivere poesie. Poi
accartoccia le brutte copie e le lascia sul tavolo. Le
ho conservate tutte.
Ci sono molti pensieri dedicati ad una ragazza. Una
ragazza che non l'ha voluto.
Se ama come scrive, quella ragazza si è persa la cosa
più bella della sua vita.
Quasi ogni sera,
prima di addormentarmi,
prendo le sue lettere e mi metto a cantare le sue
parole.
La prima volta che l'ho visto non sapevo chi fosse,
ma ho capito subito che era lui il ragazzo che stavo
aspettando.

Venditrice ambulante:
E lui?

Cameriera:
E lui sembra non accorgersi di nessuno. Me
compresa.

Venditrice ambulante:
Ho io la soluzione. Conosco la ricetta per un filtro

d'amore che è infallibile. È fatto con lacrime di principessa imprigionata dentro un castello brutto. Ti basterà versargliene alcune gocce nel suo bicchiere che subito s'innamorerà di te. È infallibile. Corro a casa a prepararlo e torno subito.

Cameriera:
Davvero?

Venditrice ambulante:
Davvero.

Corro...

Esce la venditrice ambulante.

Cameriera:
Fai presto.

(Rivolgendosi a se stessa)

Si, ma quale filtro d'amore.
Ora ci penso io. Se s'innamorerà di me, bene.
Altrimenti, peggio per il mondo.

(Rivolgendosi al poeta.)

Ehi.

Poeta:
Ciao.

Cameriera:
Come va?

Poeta:
Insomma.

Cameriera:
Perché insomma?

Poeta:
Domani devo fare una consegna importante, un lavoro che sto portando avanti da anni, forse da tutta la mia vita.
Prima di questa consegna volevo rileggere tutte le mie poesie e sai una cosa?
Non mi sento affatto pronto.

Cameriera:
Oh, non essere così pessimista. Ti ho visto sempre così preso dal tuo lavoro, forse troppo. Mi piacerebbe tanto leggere quello che scrivi.

Poeta:
Purtroppo non posso. Non mi piace fare leggere i miei versi quando non sono finiti.
E poi, devo ancora terminare la mia ultima poesia.

Cameriera:
Cosa ne pensi di una cerveza fresca per trovare l'ispirazione?

Poeta:
No, grazie. Preferirei qualcosa di forte. È possibile avere un negroni? È un cocktail italiano, lo conosci?

Cameriera:
Mi pare di no. Com'è fatto, è complicato?

Poeta:
Niente affatto. Bastano un terzo di gin, uno di campari ed uno di martini. Più una fetta di arancia ed una scorza di limone.

Cameriera:
Un terzo, un terzo, un terzo, allora.
Ci vuole anche un po' di ghiaccio?

Poeta:
Di solito si, ma non stasera.

Cameriera:
Vado.

Esce la cameriera.

Scena terza – Seduzioni e richieste, rifiuti e rifiuti.

In scena il poeta, il manager e il contabile, di seguito la cameriera.

(*Entrano il manager più il contabile.* Il tono del manager è esagerato, vincente. Il contabile è grigio, remissivo, trascurato. Si siedono ad un tavolo)

Il manager
Tutto è possibile. Basta il potere.
Avanti, siedi qui.
Allora, dov'eravamo rimasti?

Contabile:
Dobbiamo terminare il piano di delocalizzazione delle nostre imprese in Asia.

Manager:
Bravo. Allora si può sapere quanti sono?

Contabile:
Ehm.

Manager:
E di cosa si occupano?

Contabile:
Ma ehm, io...

Manager:
Che succede se ne facciamo sparire qualcuno?

Contabile:
Non so, dipende.

Manager:
D'accordo. Domani licenziane il 30%. Ma va bene anche qualcuno in più. Coi soldi risparmiati, daremo un piccolo bonus ai leccapiedi e alle troiette che decideremo di tenere. Il resto me lo metterò in tasca io.
Poi chiama Shanghai digli che la nostra offerta non è trattabile. Se non gli sta bene, sappiano che c'è già New Delhi pronta ad accoglierci a braccia aperte.
Ci siamo capiti?

Contabile:
Ma, io...

Manager:
Che me ne importa di cosa pensano gli altri quando
io sono d'accordo?
Dico bene?

Contabile:
Certo signore.

Manager:
Produrre in Asia, vendere in America ed Europa e
gettare quello che avanza in Africa.
Ecco cosa comincerò a fare da domani. Perché non
c'ho pensato prima?
Hai letto il giornale di oggi?

Contabile:
Solo le notizie che di solito interessano a lei, signore.

Manager:
E cosa dice?

Contabile:
C'è qualche notizia preoccupante, signore.

Manager:
Di che tipo?

Contabile:
Tipo l'ambiente.
Dice che i poli si stanno sciogliendo e la Spagna...

Manager:
Oh, sensazionalismo.

Contabile:
Come?

Manager:
La notizia che mi hai appena detto. Sensazionalismo
per vendere i giornali.
In prima pagina si grida all'allarme e poi dentro il
giornale si sdrammatizza per rassicurare il lettore.
Cosa c'è scritto alla fine di pagina 7?

Contabile:
Dice che da noi gli inverni saranno più miti e...

Manager:
Da noi gli inverni saranno più miti e d'estate invece
di prenotare le mie vacanze in Costa Smeralda o in
Costa Azzurra andrò in qualche fiordo in Svezia o
Norvegia. Anzi no, mi è appena venuta voglia di
Canada.

(Entra la cameriera con il cocktail pronto per il poeta.
Le serve il bicchiere.)

(Comincia un dialogo incrociato: la cameriera con il
poeta, il manager con il contabile.)

Cameriera:

(Rivolta al poeta.)

Ecco il cocktail, spero di averlo fatto bene.

Manager:
Le sfide di oggi sono l'evoluzione, il cambiamento.

Poeta:
Ti ringrazio.

(Assaggiando il cocktail.)

È perfetto.

Manager:
La fine del mondo è lontana.

Cameriera:
Riesci a concentrarti per le tue poesie?

Manager:
Ogni giorno nel mercato arrivano nuovi concorrenti.
Non dobbiamo permettere a nessuno d'arrivare
prima di noi.

Poeta:
Non abbastanza, stasera ci sono troppi discorsi inutili
in giro.

Manager:
Lo sai cosa significa arrivare secondi?

Cameriera:
Le serate in piazza sono piene di momenti inutili,
purtroppo succede.

Contabile:
No, cosa significa?

Cameriera:
Però in mezzo a tanti momenti inutili, si fanno degli incontri meravigliosi, unici.

Manager:
Significa non aver venduto.

Poeta:
Forse è vero.

(Il manager fa un gesto alla cameriera come per chiamarla al suo tavolo.)

Cameriera:
Torno subito.

Manager:
Almeno lo sai cosa significa arrivare secondi in amore?

(La cameriera va verso il tavolo del manager.)

Contabile:
Beh si, significa non aver tromb...

Manager:
Eh zitto, non essere volgare! Non vedi? un angelo ha appena raggiunto il nostro tavolo.

Cameriera:

(Rivolta al manager:)

Buonasera al manager più spaccone della piazza.
Come vanno le sue azioni in questi giorni?

Manager:
Le mie azioni certi giorni vanno bene e altri vanno
male. L'importante è che vadano sempre dove dico
io.
È quando perdono in tanti che guadagnano in pochi,
ed io, modestamente, sono uno di quei pochi.

Cameriera:
Posso immaginare. Cosa vi porto da bere?

Manager:
Perché sei ancora in questo bar a fare la cameriera?
Con il tuo sorriso potresti arrivare molto lontano e
soprattutto molto più in alto.

Cameriera:
Mi piace questo lavoro. Mi piace stare fra la gente.
Non ho bisogno di stare più in alto e non m'interessa
andare più lontano.

Manager:
Sei ancora giovane. Presto cambierai idea.

Cameriera:
La mia vita va bene così com'è. Ne sono sicura.

La vita non va mai bene così com'è. È nella natura dell'uomo desiderare di più per se stesso e per i suoi cari. Una ragazza bella come te si merita di più. Fidati dI me. Una ragazza come te, si merita me.
Dimmi di si e domani ti troverai a svolgere un ruolo di rilievo nella mia multi-nazionale.

Cameriera:
Ho una gran fantasia, ma a muovermi dentro la piramide di una multi-nazionale non mi ci vedo proprio. Preferisco rimanere a terra nella mia piazza piuttosto che...

Manager:
Ma perché?

Cameriera:
Te l'ho detto. Mi piace il mio lavoro. Mi piace stare fra la gente.

Manager:
Ah la gente. Nient'altro che un po' di idee. Buona solo per farla consumare e per essere manipolata. E a te piace stare in mezzo a loro. Io potrei farti vedere com'è stare sopra di loro.
Ti dirò una cosa che non ho detto a nessuno. Comincerò a darmi alla politica. Ho voglia di potere. Ho voglia di cambiare le regole del gioco. Ho voglia di cambiare il mondo a mia immagine e somiglianza.

Cameriera:
Povero mondo, allora!

Scena quarta – Fini diversi incontro al solito finale.

In scena il poeta, il manager, il contabile, la cameriera, il vu cumprà.

(Entra il vu cumprà. Ha una borsa in spalla, piena di mercanzia comune ed etnica.)

Vu cumprà:
Buongiorno.

(Rivolto al manager.)

Buongiorno signore, compra qualcosa?

Manager:
No, grazie. Non mi serve niente.

Contabile:
Si, non ha bisogno di niente.

Vu cumprà:
Un orologio.

Manager:
Non ho bisogno di portare l'orologio: sono sempre io
a decidere che ora è.

Vu cumprà:
Un fazzoletto.

Manager:
Vattene.

Contabile:
Hai sentito quello che ha detto? Vattene.

Vu cumprà:
Un sorriso.

Il poeta lascia i soldi per il conto, accartoccia un foglio, senza dire né guardare nessuno, esce.

Manager:

(Rivolgendosi al contabile.)

Dopo una giornata di duro lavoro sono uscito per rilassarmi un po' e prendere qualcosa da bere, chiedo troppo?

Contabile:

(Rivolgendosi al vu cumprà.)

Chiede troppo?

Vu cumprà:
Per favore, sono povero e solo.

Manager:

(Rivolgendosi al vu cumprà.)

A me non importa cosa sei. Basta che te ne vai.

Vu cumprà:
Allora un fiore, questa rosa.
Solo un euro.

Manager:
Chi sei tu che osi venire al mio tavolo senza invito?

Contabile:
Come ti permetti di venire al suo tavolo senza invito?

Manager:

(Il manager getta la roba del vu cumprà a terra.)

Chi sei tu e i tuoi sensi di colpa?
Perché sei qui? Perché non sei in qualche fabbrica a
lavorare.
Vattene. Selvaggio. Vattene tu e la tua selvaggia
ritualità.
Vattene tu e la tua ignorante povertà.
Vattene e tornatene dai tuoi fratelli.
Tornatene da dove sei venuto.

Contabile:
Da dove sei venuto,
tornatene.

(Il vu cumprà si mette a raccogliere le sue cose. La cameriera lo aiuta.)

Cameriera:
Mi dispiace tanto.
Davvero.

Vu cumprà:
Dispiace anche a me.

Cameriera:
Mi sento in colpa per quello che ti hanno fatto.

Vu cumprà:
Non è colpa tua.

Cameriera:
Mi sento in colpa sempre quando vedo qualcuno per strada e non lo posso aiutare.

Vu cumprà:
Non devi.
La vita è troppo breve per sentirsi in colpa per gli sbagli degli altri.
La verità è che non è vero che nasciamo tutti uguali.
Lo sa bene il sole che non bacia tutte le foglie allo stesso modo.
Devi saperlo anche tu.

Manager:
Hai finito di parlare?
Hai finito di raccogliere tutte le tue cose?
Bravo, ora sei libero di andartene.

Contabile:
Si, vattene. Schiavo.

Vu cumprà:
Io sono libero di andarmene e voi siete liberi di
restare.

Manager:
Finalmente.

Vu cumprà:
Me ne vado.
Ma prima dimmi una cosa. Cosa vuol dire essere
liberi
se poi si è costretti a vivere tra i non-liberi?

(Il vu cumprà fa per uscire.)

Cameriera:
Aspetta, ho qualcosa per te.

La cameriera va dietro il bar, prepara qualcosa.
Il vu cumprà rimane in piedi, mite, sorridente, fermo
ad aspettare.

Manager:
Eh ride. Gli africani ridono sempre. Ma che cazzo
c'avranno da essere sempre così allegri?

Contabile:
E che ne so, io.

(ridono tutti)

Vu cumprà:
La vita è uno specchio. Ti sorride solo se la guardi
ridendo.

(La cameriera torna da loro.)

Cameriera:
Tieni, questo è per te.

(Le porge qualcosa da mangiare. Poi si rivolge al
manager.)

E tu, non pensi sia il caso di scusarsi?

Manager:
Scordatelo.

Cameriera:
Fosse stato bianco lo avresti maltrattato nell'identica
maniera?

Manager:
È la ricchezza che conta.
Il colore della pelle come la religione per me sono
cose che non valgono niente.

Cameriera:
Perdonalo. È solo un pover'uomo.

Vu cumprà:
I poveri non sono migliori dei ricchi. E neanche più
giusti. Io questo lo so. E so anche che per superare

un'offesa subita è sbagliato reagire con un'offesa più grande. Gli uomini forti, davanti ad un gesto d'odio, reagiscono con un gesto d'amore.

(Alla cameriera.)

Questa rosa è per te.

Cameriera:
Quando hai bisogno di una bevanda fresca. Io sono qui.

Vu cumprà:
Quando hai voglia di un posto caldo. L'africa è là.

Il vu cumprà esce.

Cameriera:
Sentito come parla? Quel ragazzo è più intelligente di voi tutti messi assieme.

Manager:
Anch'io ho letto tanti libri. Ho studiato la storia, il diritto e l'economia. Ho studiato anche il pensiero di Dio di quasi tutte le religioni e dei suoi più validi negatori, compreso il Dio di Spinosa, Ecce homo di Nietzsche, ma poi...

Ma poi mi basta un semaforo rosso per farmi incazzare.

Cameriera:
Cosa c'entra Dio quando davanti a te c'è un uomo
che ha bisogno di aiuto?

Manager:
Dio se c'è, non c'entra. Lo so, non c'entra niente.
La vita mi ha indurito, è vero. Per difendermi dal
mondo, ho dovuto farmi nascere una piccola tenebra
dalla parte del cuore. Anch'io, come te, una volta
soffrivo per le ingiustizie del mondo. Per questo
quando avevo più o meno l'età che aveva quel vu
cumprà africano sono partito per l'africa più nera
come volontario.

Cameriera:
Come volontario?
Sei stato in africa?

Manager:
Sono stato dappertutto. Poi sono tornato.

Cameriera:
Con quella faccia a saponetta?

Manager:
La mia faccia sono le mie parole.
E le mie parole sono quelle che sono quando ti
guardo, quando ti dico che ho voglia di te.
Elevarsi socialmente è il fine della vita. Fidati.

Cameriera:
La felicità che mi offri tu è talmente effimera che

non vale niente.
La felicità che cerco io è talmente vera che neanche
esiste.

Manager:
E cosa pensi di fare? Vivere nell'attesa che ti si
materializzino davanti i tuoi sogni d'amore?
Dove pensi di trovare la felicità?
Magari accanto a quello scribacchino che sta
gettando i migliori anni della sua vita a scrivere come
si sente dentro?

Cameriera:
Io non ti permetto di...

Intanto che parla si gira verso il tavolo del poeta.
Vede che se n'è andato.

Ehi, ma, dov'è andato?

(Va al tavolo del poeta. C'è un foglio accartocciato.
Lo legge.)

Non pensavo fosse così triste andarsene.
Ma che significa?

Manager:
Significa che se n'è andato.
Sai leggere?

Contabile:
Già andato. Hi, hi.

Cameriera:
Insolente e spaccone come un ragazzino ubriaco.
Adesso ascoltami bene perché sarà l'ultima volta che
mi potrai ascoltare:
voglio che tu te ne vada.

Manager:
Nessuno può parlarmi in questo modo.

Cameriera:
È proprio così che mi sento per te: nessuno.
Vattene.
Vattene prima e poi non farti più vedere!

Manager:
Va bene, me ne vado.
Ma tornerò.
E tu mi amerai.

Cameriera:
Intanto vattene.

Manager:
Vieni,
andiamo.

Contabile
Va bene, andiamo.

Escono il manager ed il contabile.

Cameriera:
E tu, uomo in grigio.

La schiavitù in Spagna è stata abolita da qualche
secolo. Fatti un piacere cambia lavoro.
O per lo meno cambia vestito.

(La cameriera rimane sola. Attimi di silenzio.)

Cameriera:
Non pensavo fosse così triste andarsene.

Anche restare non è poi così divertente.

Scena quinta - Tra i tavoli del bar. Voglia di nuove seduzioni.

In scena la cameriera, lo studente filosofo, lo studente giornalista, lo studente anarchico, le due turiste.

(Entrano lo studente filosofo, lo studente giornalista, lo studente anarchico, le due turiste.)

Studente filosofo:
Ehilà, è tornata l'euforia!
Vi do un comandamento nuovo. Amate il prossimo
vostro come vi riesce meglio.
Prego ragazze, sedetevi pure. Accomodatevi.
Penserò io a prendere qualcosa da bere per tutti.

(Le due turiste, lo studente giornalista e lo studente
anarchico si siedono.
Lo studente filosofo va verso la cameriera.)

Studente filosofo:
Cos'è quella faccia triste? Starai mica pensando?

Cameriera:
Chi, io? Per chi mi hai preso?

Studente filosofo:
Così mi piaci. Bella, superficiale e pronta a servirmi
qualcosa da bere.
Una bottiglia del tuo vino peggiore per cominciare.

Cameriera:
Sempre a fare il farfallone eh?
Beato te.

Studente filosofo:
Il mio obiettivo: fare con una di quelle ragazze
straniere col broncio gentile quello che la primavera
fa con il mondo.

Cameriera:
Non è che anche per te sarebbe arrivato il momento
di maturare? Di vivere i tuoi rapporti d'amore con
più serietà?

Studente filosofo:
Ma io sono un ragazzo che vive le sue relazioni molto
seriamente.

Specie con le donne sposate, sai ci vuole
discrezione.

Cameriera:
Ti sentisse chi dico io. faresti meno il gazzilloro.

Studente filosofo:

E tu stai attenta che non mi senta, infatti come diceva un saggio: perché far soffrire una donna quando se ne possono far felici tante?

Cameriera:
Perché ogni volta che parlo con te, ho come l'impressione di avere a che fare con un maniaco sessuale?

Studente filosofo:
Questa sera te lo voglio dire in latino: l'unico momento in cui un uomo non pensa alla copulazio è quando sta copulando.

Cameriera:

Allora quante bottiglie hai detto che vuoi?

Studente filosofo:
Ragazzi quante bottiglie prendiamo?

Studente anarchico:
Boh, quante ne vuoi.

Lo studente anarchico, tira fuori dalla tasca un libro e si mette a leggere.

Seconda turista:
Non so.

Prima turista:
Per me è lo stesso.

Studente giornalista:
Decidi tu.

Prima turista:
Hai una penna?

Seconda turista:
Certo, a cosa ti serve?

Prima turista:
Voglio scrivere un paio di cartoline.

Seconda turista:
Buona idea. Ne approfitto per scriverne una anch'io.

Studente filosofo:
Razza d'insicuri.
Dammene due per favore.

Cameriera:
Due? Per cominciare?

Studente filosofo:
Hai ragione. Può sembrare un numero ambiguo.
Facciamo quattro e non se ne parla più.
Ehi, giornalista. Vieni a darmi una mano.

Il giornalista lascia il tavolo e va vicino allo studente
filosofo e alla cameriera.

Prima turista:
Presto. È tutta la giornata che camminiamo.

Seconda turista:
Abbiamo sete.

Studente anarchico
Avanti con quel vino tinto. Scaldati dal vino si combatte meglio.

Studente filosofo:

(Rivolto allo studente giornalista.)

Senti una cosa, ma quel tuo amico anarchico doveva venire per forza?

Studente giornalista:
Fino a qualche mese fa eravamo sempre insieme. Era il migliore del nostro giornale. Poi in poco tempo ha litigato con tutti. Ha cominciato a scrivere articoli impossibili da pubblicare. Lo so che ha un brutto carattere. È solo che vorrei provare a farlo ragionare. A convincerlo a riprendere una vita normale.

Studente filosofo:
Si si, vabbè, ma ora per piacere basta parlare di argomenti vuoti.
Tutte queste banalità mi hanno stancato.
Allora, tu quale prendi?

Studente giornalista:
In che senso?

Studente filosofo:
Le ragazze. Quale ti piace di più?

Studente giornalista:
Ma non so.
Secondo me non sono interessate. Sembrano avere altro per la testa.

Cameriera:
Di grazia, di cosa state parlando?

Studente filosofo:
Di donne.

Cameriera:
Guarda un po'.

Studente giornalista:
Già, il caso.

Cameriera:
Per fortuna non tutti sono come voi.

Studente giornalista:
E chi allora?

Cameriera:
Il vostro amico.

Studente filosofo:
Chi, quello?
Il suo di amico vorrai dire?

Studente giornalista:
Quello non pensa altro che alla rivoluzione.

Studente filosofo:
Parla tanto della rivoluzione e non sa neanche di che colore è.

Studente giornalista:
Intanto che veniva qua mi ha detto che è innamorato.

Cameriera:
Innamorato?

Studente giornalista:
Innamorato. Ama le illusioni. Peggio dei poeti. E più di tutte ama la rivoluzione.
E' convinto che sia la più esigente delle amanti.

Studente filosofo:
Senz'altro è la più pericolosa.

Studente giornalista:
Quando è sterile non porta altro che tristezza e frustrazione.

Studente filosofo:
Quando è fertile il più delle volte partorisce solo fanatismo e violenza.

Cameriera:
Non sempre è così.
Ci sono delle eccezioni. Ci sono state delle rivoluzioni anche violente, ma provvidenziali per il bene dell'Umanità.
E spero proprio che ce ne saranno ancora.

Studente giornalista:
Per esempio?

Cameriera:
Per esempio la Rivoluzione Francese.

Studente giornalista:
Ah la Francia, la patria della democrazia.

Cameriera:
Dell'esistenzialismo.

Studente filosofo:

(Abbracciando la cameriera e lo studente giornalista.)

Del ménage à trois.

Studente giornalista:
E poi?
Ti vengono in mente altre rivoluzioni buone?

Cameriera:

(Allontanandosi da entrambi.)

Beh, c'è stata la rivoluzione femminile.
L'emancipazione delle donne dal machismo.

Studente giornalista:

Forse in Europa. Magari in questa piazza e poche altre.
In tante parti del mondo nascere donna è peggio dell'inferno che ho letto in qualche libro.

Studente filosofo:
A proposito d'inferno. Tutte queste bottiglie e neanche un bicchiere.

(Rivolto alla cameriera.)

Ci pensi tu?

Studente filosofo:
Prendi un bicchiere anche per te e aspettaci. Finisco di dargli le ultime direttive e arriviamo.

La cameriera prende i bicchieri e li porta al tavolo, quindi si siede.

Studente filosofo:
Allora, hai deciso o no, quale preferisci?

Studente giornalista:
Mmh, nessuna.

Studente filosofo:
Ma sei sicuro? La ragazza francese per esempio. Sembra così affascinante. E simpatica. E sola.

Studente giornalista:
Non gl'interesso.

Studente filosofo:
Perché dici così, come fai ad esserne sicuro?

Studente giornalista:
Perché gliel'ho appena chiesto.

Studente filosofo:
E lei cosa ti ha risposto?

Studente giornalista:
Mi ha detto di no.

Studente filosofo:
Tutto qui?

Studente giornalista:
Si.

Studente filosofo:
E tu cosa gli hai detto?

Studente giornalista:
Niente.

Studente filosofo:
Come niente?

Studente giornalista:
Niente. È successo giusto qualche minuto fa, per
strada.

Studente filosofo:
Ma sei pazzo? Come pretendi di poter scrivere su

come va il mondo se ancora non hai capito niente
dell'universo delle donne?

Studente giornalista:
Eh?

Studente filosofo:
Il no di una donna non è mai una vera risposta.

Studente giornalista:
Ah no?

Studente filosofo:
No. E soprattutto non è mai una fine. Al contrario. Il
no di una donna non è che l'inizio. Significa avanti.
Comincia il corteggiamento. Prova a prendermi.

Studente giornalista:
Ma sei sicuro?

Studente filosofo:
Ma si!

Studente giornalista:
Perché a me ogni volta che una donna ha detto di
no, era perché voleva dire no.

Studente filosofo:
Guardala!
Guardala come non ti guarda.
Ti sta ignorando come solo una donna sa ignorare un
uomo che le interessa.

Studente giornalista:
Eh si, vedo. Non mi guarda proprio.

Studente filosofo:
Ma almeno, sai qual è il segreto di una storia
d'amore felice?

Studente giornalista:
No.

Studente filosofo:
È saper finire la storia d'amore al momento giusto.
In questo momento, sei felice?

Studente giornalista:
No.

Studente filosofo:
Allora ancora non è arrivato il momento di mettere
la parola fine a questa storia.
Dai andiamo da loro. Torna da lei.

Studente giornalista:
Ma poi cosa le dico?

Studente filosofo:
Che ne so. Comincia col dirle tutto quello che ti
passa per la mente.

Studente giornalista:
Ad esempio?

Studente filosofo:

Te l'ho detto, non lo so. Improvvisa. Dille qualcosa di romantico. Dille che le ricordi un sogno. Un sogno semplice e senza memoria, come le stelle. Dille che vorresti tanto che in questo momento cadesse una stella davanti a voi.

Per esprimere un sogno da vivere insieme a lei.

Studente giornalista:

Belle parole, però sinceramente mica lo so se mi ricorda un sogno.

Studente filosofo:

In effetti neanche a me. E poi nella vita è meglio essere pragmatici. Facciamo così. Tu ronzale intorno e appena abbassa la guardia, prendila e sbattila contro un muro. Con dolcezza, s'intende.

E tieni bene una cosa in mente: se devi mentire, fallo in maniera stupefacente.

È tutto chiaro?

Studente giornalista:

Direi proprio di no.

Studente filosofo:

Sei senza speranza. Dimentica tutto quello che ho detto. Vai da lei e versale da bere. Ubriachi tutto è più lontano. Compresa la paura di sbagliare.

(Lo studente filosofo e lo studente giornalista vanno al tavolo. L'atmosfera è conviviale. Tutti partecipano al dialogo, tranne lo studente anarchico che continua a leggere il suo libro e a bofonchiare.)

Seconda turista:
Ecco il vino.

Prima turista:
Finalmente.

Studente giornalista:
Prego. Lasciatevi servire.

Studente filosofo:
Ecco qua. Un po' di nettare degli dei.

Cameriera:
Che bravi questi nuovi camerieri.

Prima turista:
Allora evviva.

Seconda turista:
Un brindisi alla Spagna.

Studente giornalista:
E un altro all'Europa.

Studente filosofo:
A questo punto brindiamo a tutto il mondo.

Studente giornalista:

Rivolto alla prima turista:

Che bella serata eh?

Prima turista:
Bella davvero.

Parla sempre rivolto alla seconda turista. Comincia
un dialogo incrociato: la prima turista con lo
studente giornalista, lo studente filosofo con la
seconda turista.

Studente giornalista:
Quando è bel tempo, c'è la luna.
Così è il cielo.

Studente Filosofo:
Bella questa spilla. Posso vederla?

Prima turista:
Non importa quanto ha piovuto ieri.

Seconda turista:
È di mio padre. Me l'ha regalata prima di partire.

Studente filosofo:
E dov'è andato?

Studente giornalista:
Ti stai divertendo?

Seconda turista:
In guerra, fa il generale.

Prima turista:
Si. In questi giorni sto imparando tante cose. Tante

cose che avevo dimenticato.
Viaggiare è come comprarsi un paio di occhi nuovi.

Studente filosofo:
E adesso tuo padre dov'è?

Seconda turista:
In Afghanistan, in missione di pace.

Studente giornalista:
insomma ti diverti?

Prima turista:
Si.

Studente filosofo:
Ah in missione di pace, così la chiamano i giornali.

Seconda turista:
Ed è così che la chiamo anche io.

Studente giornalista:
Ti stai divertendo anche insieme a me?

Prima turista:
Yuh!

Studente Filosofo:
Per favore, la prossima volta che incontri tuo padre,
potresti chiedergli come sta andando la guerra?
Stiamo vincendo o stiamo perdendo? Io ancora non
l'ho capito.

(La cameriera da una gomitata allo studente filosofo.
Poi prendendolo in disparte, continua.)

Cameriera:
Sempre a fare il buffone te. Guarda che la guerra è
un argomento serio.

Studente filosofo:
Devi sapere che una donna quando parla con me o
ride o me la da.

Cameriera:
Ah, ah, ah!

Studente filosofo:
Ridi?
Ridi, ridi vai,
che è meglio.
Lei invece mi sembra molto seria.

Seconda turista:
Ehi, scusa, studente filosofo.
Non vuoi sentire la mia risposta?

Studente filosofo:
Volentieri.

Seconda turista:
Ti direbbe che stanno vincendo i più forti e perdendo
i più deboli. Di entrambe le fazioni.

Studente filosofo:
(Col tono sincero, come di bambino)
Come parli bene.

Seconda turista:

(Rivolta allo studente giornalista.)

Scusami, ancora non ci hai detto cosa fai nella vita.

Studente giornalista:
Scrivo per un giornale. Anche se devo ancora finire di laurearmi.

Seconda turista:
Il giornalista? Che professione interessante.

Studente anarchico:
Se vissuta nella verità, forse. Altrimenti sei solo un servo del potere.

Studente giornalista:
Sempre estremo te? Davvero non puoi fare a meno di polemizzare su ogni frase che senti dire?

Studente anarchico:

Non posso farne a meno, anche se vorrei tanto.
È colpa di quelli come te se i giornali, oggi, purtroppo servono solo a distrarre i ricchi dalla ricchezza; a consolare i poveri dalla povertà.

Studente filosofo:
Non cominciate a litigare voi due. Almeno non all'ora dell'aperitivo.
Vi spiegherò io l'unico segreto per fare bene questo

mestiere.

Non avere un pensiero e saperlo esprimere: è questo che fa di qualcuno un giornalista.

Per prima cosa ci vuole un bel titolo.

Metti che devi scrivere un articolo sulla gente ricca, dovresti cominciarlo così:

Benvenuti tra gli uomini dalle necessità più futili:

Dove champagne e cocaina non scarseggiano mai.

Oppure vuoi parlare della gente di provincia?

Donne, è inutile cercar fortuna in città. Quello che trovereste sarebbero solamente letti a castello per bambini di legno.

Cameriera:

Che c'entrano i letti a castello per bambini di legno con la gente di provincia?

Studente filosofo:

Niente, però detto da me suona tanto bene.

Prima turista:

Ora tocca a te. Dimmi una cosa. Di solito tu come lo cominci un articolo?

Studente giornalista:

Beh, dipende. Di cosa vuoi parlare?

Prima turista:

Della globalizzazione, cosa mi dici?

Studente giornalista:
La globalizzazione è un concetto neutro. Non è un bene né un male in assoluto. E non può esserlo neanche in relativo.

Prima turista:
E che cos'è allora?

Studente giornalista:
È un fenomeno contraddistinto dalla compresenza tanto di segni positivi, negativi che di gravi incognite. Difficile parlare di certi argomenti senza infangarsi di qualunquismo.

Studente anarchico:
Senza ripetere col proprio culo le scorregge di stato che ci fanno sentire alla televisione.
La globalizzazione se ben guidata potrebbe mettere la parola fine a tante brutte sopraffazioni. Si abbattono le frontiere è vero, ma per costruire mercati e non per distruggere ingiustizie.
Si crea la ricchezza per pochi, ma insieme a lei tanta, troppa miseria per tutti gli altri.

Cameriera:
Basta così, c'è troppa tensione.

Studente anarchico:
E anche per chi avesse voglia di liberare il mondo dalla prigione del profitto, è davvero difficile agire.
Si crede di morire per la libertà e invece si muore per i capitalisti.

Seconda turista:
Anche mio padre la pensa così.

Prima turista:
Voi tre assomigliate tanto a dei nostri amici che
frequentiamo quando andiamo in vacanza a Londra,
non è vero?

Seconda turista:
Si, sembrano proprio uguali. Gli stessi discorsi.

Studente filosofo:
Per forza siamo uguali. Guardiamo la solita
televisione, usiamo gli stessi pozzi di petrolio e ci
addormentiamo sognando le solite attrici. Quando
viaggi in Occidente, è normale che ogni posto nuovo
che vedi ti sembra uguale a quello dove sei appena
stata.
Voli low cost per ritrovare se stessi. Ne ho presi tanti
anche io.
Ed ogni volo è stato come una moneta,
come le monete che da piccolo lanciavo nelle
fontane.
Basta pensieri malinconici ora! Facciamo un gioco.

Cameriera:
Che gioco?

Studente filosofo:
Si chiama amore libera tutti.
Ora io chiuderò gli occhi. E voi vi nasconderete qui
vicino. Poi, cieco vi comincerò a cercare.

Seconda turista:
Che bello. Giochiamo tutti.

(Rivolta allo studente anarchico.)

Dai vieni anche te.

Studente anarchico:
No, grazie. Darò un'ultima occhiata a questo libro e poi me ne andrò subito.

Scena sesta - Tra i tavoli del bar, rabbia e ricordi.

In scena la cameriera, lo studente anarchico, lo studente giornalista, lo studente filosofo, le due turiste, l'ubriacone.

(Entra in scena l'ubriacone. È bello allegro, ciucco fradicio.)

L'ubriacone:
E se l'amore che avevo non ricorda più il mio nome.
E se l'amore che avevo a qualcun altro scrive lettere e promette d'amare.
Buonasera.

Cameriera:
Buonasera.

Seconda turista:
Salve.

L'ubriacone:
Buonasera a tutti questi bei giovani.
Scusate, stavo andando bene per di là?

Cameriera:
Si.

L'ubriacone:
Allora resto qua.

Capisco la mia anima sola quando la vedo riflessa sul
fondo di un bicchiere. Che strana coincidenza la
quiete interiore con l'assenza di desideri.
Oh, che belle signorine. E che bella rosa vedo qua. Di
chi è, tua?

Cameriera:
(Annuisce.)

L'ubriacone:
Le rose che ho regalato io, non sono che petali
ritornati alla terra.

Muore il fiore, ma restano i semi. Gli unici semi
rimasti sono i miei ricordi. Li innaffio con l'alcol. Per
illudermi che da qualche parte cresceranno i pochi
giorni felici, le rare belle azioni che ho compiuto.
Ah, se la vecchiaia fosse solo un bicchiere da bere.

(Beve.)

Studente filosofo:
Oppure una vita da raccontare. Avanti vecchio vieni
qui e spiegaci bene chi siamo raccontandoci quello
che sei stato.

L'ubriacone:

Sono uno che ha amato speranze che il tempo ha archiviato impietoso; sogni spezzati dai fili del destino. Chi ero ieri, oggi non lo ricordo più. È per questo che bevo per ricordare. Credo nell'ubriachezza e nella filosofia teoretica, nell'amore eterno e nella finitezza del divenire, Ma non ascoltatemi troppo, sono perso nell'alcol e nella vita.
Eppure erano giorni felici, che ora mi trascino dietro come una pesante catena.
Sono uno che abbraccia attimi di gioia perduti che quando c'erano davvero non sono riuscito ad abbracciare. Sono un povero ubriaco, un equilibrista che ha passato tutta la sua vita in bilico sulle propensioni marginali del qualunquismo dominante. Nella mia vita, quando sono restato sobrio per due giorni, subito mi sono sentito male.
Vertigini, attrazione per il vuoto, ebbrezza della debolezza..
Ormai non cerco modelli da condividere col resto del mondo, ma microcosmi in cui non essere infelice, solo, triste.
Guardando in cosa posso sperare oggi, ho scoperto che il nulla esiste davvero.
Legato ai miei ricordi, legato dolce come un pianto soffocato nella notte, perso in un momento lungo come la vita... Un po' di vino per favore.

(Qualcuno gli riempie il bicchiere.)

Studente filosofo:

Caro vecchio, sei talmente avanti che per guardare il futuro devi girarti indietro. Brindiamo.

L'ubriacone:

Voi brindate alla vita che viene. Io alla vita che va.

Studente anarchico:

Me l'aspettavo. Lo sapevo. Io lo so e tutti hanno gli strumenti per poterlo sapere.
Basta un libro di fisica di qualsiasi liceo.
Gli arabi millenni fa hanno inventato la matematica e adesso vogliono farci credere di aver rivoluzionato la fisica.
È tutto così chiaro. È tutto scritto qui:
La fiamma sprigionata dalla combustione di cherosene può raggiungere al massimo 860°
E per fondere l'acciaio ce vogliono almeno 1400.
Vi rendete conto?
Ci sono più di 500 gradi di differenza.
E la fisica è una scienza esatta.
Ma non capite?
L'attentato dell'undici settembre 2001.
È stata l'America ad attaccare l'America.
Non può essere stato nessun altro.
Ve lo dico ancora. È stata l'America ad attaccare l'America.
Ragazzi d'Europa, dobbiamo unirci. Dobbiamo liberarla. Ragazzi di tutto il mondo, liberiamo una volte per tutte il nostro pianeta...

Studente filosofo:
Eccolo che ricomincia.

L'ubriacone:
Sembri un giovane intelligente, ma riesci a capire per cosa stai combattendo?

Studente anarchico:
Nessuna società indegna è più indegna di questa società che vive indifferente alla miseria e alle guerre che uccidono nelle case, nelle piazze, nelle strade durante questo duemila e quattro anno dopo Cristo. È il momento di cominciare una nuova rivoluzione.
Non possiamo più aspettare.
Dobbiamo usare le nostre radici per innalzare nuove filosofie verso il cielo.
Per questo sopra questa sedia, ora, io vi dico che: questa cagna non è la mia patria!
E questa faccia non può essere la mia faccia.
Se io non vivo combattendo!

Studente filosofo:
Un leone che insegue una gazzella, un popolo che distrugge un altro popolo per qualche pozzo di petrolio. Sempre natura è. E la natura non la si può cambiare.

Studente giornalista:
A meno che, forse con la genetica...

Cameriera:
Per favore versiamoci da bere.

Studente anarchico:
Sono stanco di vedere paesi incendiati dalla follia, uomini in doppiopetto scagliarsi furiosi contro uomini in tunica che tanto si somigliano. Sono stanco di accontentarmi delle briciole cadute dai banchetti dell'informazione di regime. Sono stanco, forse anche impotente, di certo triste. E insieme alla mia stanchezza, la rabbia mi raggiunge che è già sera. Ogni notte.

Studente filosofo:
Ops, ho qualcosa in gola, non va né su né giù, forse è qualche ricordo di dolore delle mie vite pre-nascita. Da bere grazie.

Studente anarchico:
Dobbiamo combattere. Fino ad impugnare le armi se è necessario! Dobbiamo fermare la spirale di follia in cui il mondo è precipitato. E dobbiamo farlo con una rabbia che non ammetta errori, che non ammetta alcuna pietà per gli empi affamatori.

Studente giornalista:
Ne morirai d'indifferenza e frustrazione.

Studente anarchico:
Forse non ci sarà nessuna rivoluzione, forse sprecherò davvero tutta la mia vita, ma se il mondo alla fine di questa sbornia d'illusioni e di potere e di

nichilismo, riuscirà a riprendere il controllo della sua anima, stai pur certo, che anch'io, in qualche maniera, riuscirò a starci in mezzo.

Studente giornalista:
Ne morirai di follia e d'impotenza.

Studente filosofo:
La ricerca dell'origine della consapevolezza, del mistero della vita è un fuoco più forte di quella sprigionato dal tuo bisogno di cambiare le vite degli altri.
Misericordia, cosa ho detto?
Non era mia intenzione essere così profondo.
Scusatemi.

Studente anarchico:
La vita è plagio o rivoluzione. Non esiste alternativa.

Studente giornalista:
Ne morirai di violenze ed arroganza.

Studente anarchico:
Ne morirò. Pieno di vita e d'utopie.

Studente filosofo:
Ho scelto di vivere così: puro e senza pensieri: come acqua che scorre. Mi dispiace, ma per questa tua rivoluzione non contare su di me.

Studente anarchico:
Penosi. Penosi e Perdenti. Come questo ubriaco.

L'ubriacone:
Avete solo il presente ragazzi. Usatelo bene.
Questi giorni sono un cattivissimo posto per viverci.
L'amore non riesce più a crescere, non abbastanza.
Adesso è molto peggio avere vent'anni.

(Lo studente anarchico comincia a buttare per terra
tavoli e sedie.)

Studente anarchico:
Chi sei tu e cosa vuoi? Dov'eri?
Dov'eri quando la storia è esplosa in guerre
atomiche?
Dov'eri quando la razza ha ucciso in Europa?
Quando la paura della guerra ha costruito muri e
regimi?
Dov'eri quando la religione ha smesso di essere uno
strumento dell'ignoranza per diventare strumento
della ferocia?

L'ubriacone:
Ah, se avessi potuto quanto avrei combattuto tutto
quello che dici.
Ma non sono io che influisco sul mondo, non sono io
che incomincio le guerre.

Studente anarchico:

(Lo studente anarchico si getta addosso
all'ubriacone.)

Non sono io che influisco sul mondo? Non sono io
che incomincio le guerre?

La tua saggezza puzza di viltà. La tua impotenza, puzza di paura. Perché sei qui? Vattene. Vecchio, tu puzzi di uomo finito. Vecchio, tu puzzi di uomo mai nato. Vecchio, tu puzzi di Dio!

L'ubriacone, allontanato in malo modo, esce di scena.

Dobbiamo distruggere questo progresso che aggiunge giorni alla vita, ma che provoca agonia ai giorni.

Studente giornalista:
Pensare di cambiare la natura del mondo non solo è presunzione, è follia.

Studente anarchico:
Preferito essere accusato mille volte di presunzione che una sola volta di codardia.
Tenetevi pure stretta la ragione
Chi vi parla è la vittoria.

Cameriera:
(Rivolto allo studente anarchico.)

Ehi, vittoria?
Per favore vai ad alzare le tue coppe da qualche altra parte.
E anche tu, ti prego, non farti più vedere.

Studente anarchico:
Va bene, me ne vado.

(Rivolto allo studente giornalista.)

E tu cosa pensi di fare?

Studente giornalista:
Non lo so.

Studente anarchico:
La comunicazione senz'anima domina incontrastata,
ma emozioni, sentimenti, dolore non sono
scomparsi: aspettano solo l'uomo di lettere che
saprà destarli. E quest'uomo potresti essere tu, se
solo cominciassi ad indignarti davvero.

Studente giornalista:
Non riesco più ad indignarmi da mesi, se non con me
stesso. Vivo in una bolla esistenziale che attende
solo uno spillo in grado di scoppiarla.

Studente anarchico:
E allora anche per te o sarà vita o sarà morte.
Morire vivendo con me o vivere morendo con loro.
Cosa decidi?

Studente giornalista:
(Scuote la testa.)

Studente anarchico:
Ma chi ti vuole.

Esce lo studente anarchico.

Seconda turista:
Senti, io vado con lui.

Prima turista:
Cosa?

Seconda turista:

Ci sentiamo più tardi. Ti chiamo.

Prima turista:

No, aspetta.

Seconda turista:

Non ti preoccupare. T'ho detto che ti chiamo.

Esce la seconda turista.

Prima turista:

Per favore. Non lasciarmi sola.
Se n'è andata.
E adesso?

Studente filosofo:

Dando una pacca sulla spalla allo studente
giornalista, facendolo finire vicino alla prima turista:

E adesso ti ha lasciato sola.

Prima turista:

(Dando una pacca sulla spalla allo studente
giornalista, facendolo finire vicino alla prima turista.)

E adesso ti ha lasciato sola.

Prima turista:

(Rivolta allo studente giornalista.)

Senti ti va,.. ti andrebbe di accompagnarmi in
albergo? È qui vicino.

Studente giornalista:
Un attimo.

(Rivolto allo studente filosofo.)

Secondo te,
mi ha chiesto di accompagnarla perché ha voglia di
stare con me, ho perché ha voglia di non restare
sola?

Studente filosofo:
C'è differenza?

Studente giornalista:
Tu che dici?

Studente filosofo:
Dico che per te è davvero arrivato il momento di fare
l'amore e non la guerra.
Vai, non lasciarla sola.

*Escono insieme lo studente giornalista e la prima
turista.*

(La cameriera si guarda intorno. Scoppia in lacrime.)

Cameriera:
Il mio locale, perché?
Perché mi ha fatto questo? Che c'entravo io con la
sua rabbia?

Studente filosofo:
Dai, non fare così. Vieni qui. Lasciati abbracciare.

Scena sesta - Dialogo d'amore.

In scena la cameriera, lo studente filosofo, la venditrice ambulante.
Entra la venditrice ambulante.

Venditrice ambulante:
Ecco il filtro d'amore più innamorato del mondo!
Ehi, ma cos'è successo qui?

(Vede lo studente filosofo abbracciato alla cameriera.)

Venditrice ambulante:
Tu. E lui? E tu. E lei?
Brutto imbecille!
Scandalosa!
Sfacciati!

Cameriera:
Non è come stai pensando tu.

Venditrice ambulante:
Ah no. E dimmi un po'. Come sto pensando io?
Anzi no. Ascoltiamo lui. Vediamo dove arriva il suo
coraggio, o meglio la sua viltà.

Studente filosofo:
La stavo solo abbracciando.

Venditrice ambulante:
(Durante le prossime frasi, lancia gli oggetti della sua

bancarella allo studente filosofo. Comincerà a squillare il suo cellulare. Le lancerà anche quello.)

La stava solo abbracciando. Cosa vuoi che sia per un uomo senza dignità.
Perché prendersela se vedi la tua migliore amica, la persona a cui vuoi più bene al mondo con il proprio ex, l'amore più importante della propria vita abbracciati insieme. E intanto io come una scema a piangere a casa fino a riempire questa bottiglia.
(Rivolta alla cameriera.)

E tu, cos'hai da guardare?

(Gli lancia la bottiglia piena di lacrime di principessa prigioniera in un castello brutto.)

Cameriera:
Io, niente.

Esce la cameriera.

Venditrice ambulante:
Oh, che pensiero delicato da parte tua. Si vede che sei proprio la mia più grande amica.

(Da terra, il cellulare squilla ancora.)

Dammi il telefono.

Studente filosofo:
Esci a prendertelo.

Venditrice ambulante:
Ho detto dammelo.

Studente filosofo:
Ho detto esci.

Venditrice ambulante:
Forza!

(Lo studente filosofo lo prende, fa per darlo alla venditrice ambulante, invece cambia idea e se lo porta all'orecchio.)

Una voce maschile:
Amore, amore rispondi.

Venditrice ambulante:
Ridammelo.

Una voce maschile:
Sei tu amore? Sei forse tu l'amore della mia vita?

Studente filosofo:
No, non sono forse io.

Una voce maschile:
Pronto, ma chi parla?
(Lo studente filosofo riattacca il telefono.)

Studente filosofo:
Perché non sei uscita a raccoglierlo tu?

Venditrice ambulante:
Perché non posso!

Studente filosofo:
Chi era?

Venditrice ambulante:
Che te ne importa?

Studente filosofo:
É vero! non me ne importa niente. Me ne frego. Me
ne frego dei tuoi amori passati. Me ne frego degli
uomini da cui ti stai facendo corteggiare. Me ne
frego a basta. A innamorarsi non ci vuole niente. A
lasciarsi andare per una notte d'amore ci vuole
ancora meno.

Venditrice ambulante:
Non so di cosa parli.

Studente filosofo:
Si che lo sai.
Per innamorarsi basta una foto, una frase, certe
volte non ci vuole proprio niente: appena uno
sguardo fragile, come il tuo di adesso. Per
innamorarsi basta uno sguardo fragile, ma amare è
un'altra cosa.

Venditrice ambulante:
E che cos'è?

Studente filosofo:
Non lo so, ma ho una voglia matta di scoprirlo.
Insieme a te.
Proprio in questa piazza, l'altra sera ho parlato con

un ragazzo. Mi disse di essere un poeta. Abbiamo parlato solo qualche minuto. Mi ricordo che ad un certo punto dalla sua bocca uscì una frase meravigliosa. Una frase che sento mia. Mi disse: "L'amore non l'ho mai visto, ma lo conosco come l'insonne conosce il sonno."

Venditrice ambulante:
Cosa ci facevi abbracciata a quella?

Studente filosofo:
Ogni tanto, magari dopo che ho bevuto qualche bicchiere, non lo so cosa mi succede. E' solo che mi comporto come uno stronzo.
Quando siamo stati insieme ho avuto altre donne, è vero. Ma non ti ho mai tradita.
Non ti ho mai tradita perchè le altre non le ho mai corteggiate, cercate, attese. Le ho solo avute.
Mentre è te che aspetto tutte le sere, che cerco in ogni cosa che faccio. Invece di buttare il mio tempo in questa piazza piena di facce confuse, di gente senza meta, dovrei corteggiarti di più è vero. Di questo ti chiedo perdono.
Perché non esci dalla tua bancarella? Sono mesi che ormai ti vedo solo là dentro.

Venditrice ambulante:
Non posso.

Studente filosofo:
Che vuol dire non posso?

Venditrice ambulante:
Non posso perchè ho paura.

Studente filosofo:
E allora non farlo e resta dove sei.
Ma per favore, dimmi di cosa hai paura?

Venditrice ambulante:
Ho paura di riaverti vicino.

Studente filosofo:
Ma perché?

Venditrice ambulante:
Tu sei sempre così forte. Così sicuro in tutto quello
che fai. Sai sempre tante cose. Ti basta un niente per
conquistare l'attenzione di tutti. Ti basta ancora
meno per sparire a fare capire a tutti che non hai
bisogno di nessuno.

Studente filosofo:
Quasi mai trovo quello che voglio, ma in ogni
momento cerco quello che mi manca.
Sono bravo con le parole, è vero. Ma quando dici che
non ho bisogno di nessuno, ti sbagli. In certi
momenti col cuore sembro capace di sapere
rinunciare al mondo intero, ma neanche immagini in
quei momenti quanto ho bisogno di te.

Venditrice ambulante:
Non è vero.

Studente filosofo:
E invece si!

Venditrice ambulante:
E invece no!

Studente filosofo:
Mi manchi. Mi manca tutto di te.
I tuoi sorrisi ed io
Le tue mani ed io
Non voglio perderti.

Venditrice ambulante:
Non sei mai stato sincero con me.
Io di te non mi fido più.

Studente filosofo:
Ogni volta che ti ho detto ti amo,
non ti ho mai mentito.
E tu, sei sempre stata sincera con me?

Venditrice ambulante:
Quasi sempre.
C'è una cosa che ti devo dire:

(Uscendo dalla bancarella.)

Aspettiamo un figlio.
Io all'inizio non lo volevo.
Mi sono anche fatta accompagnare in Inghilterra.
Dove anche se sei incinta di più di tre mesi ti fanno
abortire.

Studente filosofo:
E poi?

Venditrice ambulante:
E poi ho cambiato idea.

Studente filosofo:
Ma perché volevi abortire?

Venditrice ambulante:
Perché sono sola. La più sola di tutti.
Perché non sono una bella persona, visto quello che volevo fare.
E alla fine perché ho avuto paura.
In un mondo che alla tv, nelle vetrine dei negozi, nei discorsi della gente è sempre perfettissimo.
E io no, io no invece.
Io che ogni giorno faccio sempre mille errori e appena ne finisco uno, subito mi sembra di cominciarne un altro. Ho avuto paura che avrei dovuto crescere questo figlio da sola.

Studente filosofo:
Tu non sei sola. Non stasera. Non domani. Mai più.

Venditrice ambulante:
Promettimelo.

Studente filosofo:
Da domani, la nostra storia d'amore potrebbe sembrare la stessa. Invece sarà tanto di più.

Venditrice ambulante:
Promettimelo.
Finalmente sei tornato a prendermi.
Il tempo passava e tu non ritornavi mai.

Studente filosofo:

(Avvicinandosi a lei. Parlando al feto.)

Che bella la vita quando l'infinito è lontano.

Venditrice ambulante:
Non cominciare a confonderlo coi tuoi strani giochi
di parole.

Studente filosofo:
Sarà il benvenuto nel mondo delle cose inutili.

Venditrice ambulante:
Smetti!

Studente filosofo:
Che cos'è la vita se non l'attesa della vita?

Venditrice ambulante:
Ho detto smetti!

(Bacio.)

Venditrice ambulante:
Come vorrei che questo fosse l'ultimo giorno brutto
della mia vita.

Studente filosofo:
Ti amo!

Venditrice ambulante:
Dimmelo ancora.

Studente filosofo:
Ho detto ti amo!

Venditrice ambulante:
Io di più.

Studente filosofo:
Eh?

Venditrice ambulante:
Io di più di tutti i sentimenti.

(Bacio.)

Studente filosofo:
Ehi stelle, levatevi il cappello!
Ci amiamo ancora.

Sipario.

ATTO SECONDO
Madrid, 11 Marzo 2004

Ore 06:45: il treno 17305 parte da Guadalajara con destinazione Chamartín.

Ore 07:00: il treno 21431 parte da Alcalá de Henares con destinazione Alcobendas.

Ore 07:10: il treno 21435 parte da Alcalá de Henares con destinazione Alcobendas.

Ore 07:15: il treno 21713 parte da Alcalá de Henares con destinazione Príncipe Pío.

Madrid, In una delle stazioni tra Alcalá de Henares et la stazione di Atocha.

Prologo
In scena, il giullare.

Dalla platea entra Il giullare spalancando le porte del teatro. Ha in mano un bicchiere di carta. Le sue vesti sono stracciate, sanguinanti.

Il giullare:

Una moneta!
Una moneta per ogni vostro sogno finito bene.
Per ogni sbaglio perdonato
Una moneta per ogni treno che vi ha portato lontano
Una moneta per ogni giornata passata senza
domandare al vostro orologio:

che ore sono? quanto manca?
Una moneta, una sigaretta, 10 centesimi di veleno.
Una moneta per andarmene dall'America.
Una moneta.
Una monetina, per favore.
Una moneta per dirvi che ho visto tutto.

(Sale sul palco.)

Una moneta ed io
continuerò a sognare
sogni che neanche avessi cento vite saprei realizzare.

Il giullare apre il sipario con leggerezza, come per spostare una piuma. Il suo sangue sul sipario.

Una moneta per ogni mattino che vi siete alzati
Pensando: ho voglia di innamorarmi ancora.
Una moneta e poi innamoratevi.
Innamoratevi sempre.
Innamoratevi in continuazione.
Perché dopo un grande amore. Chi ce la fa. Ama di
più.
Non accontentatevi di cogliere l'attimo.
andate oltre.
Siate voi per il mondo l'attimo da cogliere.

.

Una moneta e questo bicchiere sempre troppo
vuoto.
Tanto a voi non serviranno.
Vi stanno per uccidere.

(Comincia a girare intorno a se stesso.)

A proposito di uccidere. Avete visto un giullare?
Siiiii! Un uomo fuori di se con i sonagli nella lingua e
la verità al posto della coda?

(Continua a girare intorno a se stesso.)

E allora avanti! Avanti quando andare avanti significa
ignorare la musica del momento
Continuare a fare finta di niente, che nessuno è così
importante.
E non smettere di giocare il gioco leggero dell'essere
matti.

(Cade doloramente.)

No, le mie monete.

(Ferocemente.)

Non mi toccate.
Nessuno mi deve toccare!
Cosa volete ancora?
Non vi basta avermi perseguitato, sabotato, fatto a
pezzi ogni mio sogno?
Io non voglio essere utile!

(Con tono mellifluo.)

Sono caduto.
Cosa stavo facendo un attimo prima di precipitare.
Uh è vero, stavo volando!

Prova a rialzarsi. Risata. Si trascina verso l'uscita.

Finirà! Finirà! Finirà! Per molti è già finita! Sarà rosso il cielo sopra Madrid!

Scena prima - Arriva e parte il treno 21431. Incontri e addii, ancora incontri.

In scena, lo studente giornalista, la prima turista, lo studente anarchico, la seconda turista, il soldato. Entrano lo studente giornalista e la prima turista.

Studente giornalista:
Eccoci arrivati.

Prima turista:
Si ormai manca poco. È arrivato il momento di partire. Di dirsi addio con la matta voglia che questo sia solo un arrivederci. Un ultimo bacio per dirsi a presto.

Studente giornalista:
Hai sentito la tua amica?

Prima turista:
Ho provato a chiamarla, ma il suo telefono è irraggiungibile. Mi ha inviato giusto un sms. Dice che si fermerà qualche giorno in più. Nient'altro. Come vorrei restare anch'io, ma presto ho un esame.

Studente giornalista:
Ho cominciato a ricevere uno stipendio decente da un mese e già ho voglia di licenziarmi e partire insieme a te.

Prima turista:
E allora licenziati e poi parti con me.

Studente giornalista:
Ma ho voglia anche di una famiglia, di una casa,
magari dei figli. Magari noi due insieme.

Prima turista:
Dici sul serio?

Studente giornalista:
Senza un lavoro sicuro che futuro posso darti?

Prima turista:
E tu non darmelo. Chi lo vuole il futuro?
Io ti voglio adesso.
Maledetta me che ti conosco solo da un giorno e già
non posso fare a meno dei tuoi occhi tristi e del tuo
sguardo stupido.

*Entrano in platea la seconda turista e lo studente
anarchico. Entrambi hanno dei volantini con
stampato un testo, questo:*

Signori presidenti,
Beata la pioggia perché lava le facce dei morti…
Vedi testo integrale alla fine dell'opera(*)

*Da due diversi lati della scena entrano il soldato e il
giornalista anarchico.*

Studente giornalista:
Non vorrei sembrarti ridicolo, ma sogno accanto a te
il resto della mia vita.

(Lo studente anarchico prova a dare il volantino al soldato.)

Il soldato:

(Rivolto allo studente anarchico.)

No grazie, mi hanno già dato un volantino prima, mentre salivo le scale. In treno leggerò questo. Magari il tuo lo leggerò un'altra volta.

(Gli mostra lui stesso un altro volantino.)

Prima turista:
Ehi guarda chi c'è, quello non è il tuo amico anarchico?
Ehi, guarda chi si vede, ciao.

(Lo studente anarchico li guarda, ma subito scende in platea e continua insieme alla seconda turista a distribuire i suoi volantini.)

Studente giornalista:
Appena ci ha visti, se ne è andato.

Prima turista:
Speriamo che il tuo amico non si faccia del male. Anche se lui si rifiuta di farsi trovare, tu non smettere di continuarlo a cercare.

Studente giornalista:
Va bene, lo farò.

Prima turista:
Adesso vado anch'io.
Non smettere di cercare neanche me.

(Il soldato e la prima turista salgono sul treno.)

Lo studente giornalista esce.

Scena seconda - Treno 21431, dentro uno dei vagoni. Monologo del soldato.
In scena la prima turista, il soldato, di seguito il prete.

Soldato:

Il soldato legge il volantino con il quale è entrato in scena.
Il tono della lettura è di una persona appena istruita, non abituata a leggere.

A QUESTO PREZZO MANGIATE LO ZUCCHERO IN EUROPA
Bla bla bla
Emancipare l'uomo dal lavoro,
dal dovere di chiedere il permesso al vostro datore
di lavoro anche per andare a un funerale, ad un
battesimo, a pisciare.
Bla bla bla
Cosa succederebbe se tutti insieme smettessimo di

lavorare
Fino a quando non fossero ridistribuite tutte le
ricchezze del mondo?
Se tutti i giornali e si mettessero a scrivere chiuso
per tristezza
su ogni rigo delle loro pagine?
Bla bla bla
Verrà un giorno che ve ne pentirete
muti che strillate, beceri che state zitti
e se quel giorno non verrà,
bla bla bla
sarò io a piangere per voi
e lo farò non pensando a voi ma ai vostri figli
borghesi dalla culla alla bara
bla bla bla
cosa succederebbe se Bla bla bla cosa..

Mah, non so. Forse avrei fatto meglio a prendere il
volantino che mi ha offerto quel ragazzo nervoso
prima di salire. Ma tanto, questi fogli mi sembrano
tutti uguali.

(Accartoccia il foglio. Lo butta per terra.)

La voglia di comprarmi casa e questa guerra strana.
Io neanche l'ho capito chi è il mio nemico e perchè
devo combattere. Anche a scuola era sempre così:
tutti quei numeri, quelle cose da imparare. E io in
fondo alla classe ero sempre l'ultimo a capire.
Speriamo di non dover uccidere nessuno. Speriamo
anche di saper sempre trovare il coraggio di

prendere bene la mira. A questo prezzo mangiate lo zucchero in Europa. Dove l'avrò già sentita questa frase. E poi che cazzo vuol dire?

La prossima è la mia fermata. Sono quasi arrivato. Come vorrei essere arrivato per davvero.

Magari tornerò. E per una birra e qualche sigaretta, mi domanderanno perché non sono morto.

Quello che vorrei tanto è una pace vittoriosa, il nemico in fuga, un ritorno a casa da eroe. Poi vorrei tanto una moglie, dei figli, magari un cane.

Il soldato si alza per scendere.
Entra in scena il prete.
(I due si cambiano di posto, uno scende, l'altro deve salire. Si scontrano.)

Soldato:
Scusi padre.

Prete:
Non importa figliolo.

Soldato:
Le è caduto il rosario. E' li fra i binari.

Prete:
Oh non è grave. Per pregare basta la fede.

Soldato:
Ma allora il rosario a cosa serve?

Prete:

Serve a tenerti compagnia. A ricordarti che non sei mai solo, ma io questo lo so bene.

Soldato:

Padre? adesso devo scappare. Pensi anche me durante le sue preghiere.

Prete:

Certo figliolo che pregherò per te. Che Dio ti accompagni e ti faccia anche migliore.

Il prete sale sul treno.

Esce il soldato.
Esce anche la prima turista.

Scena terza - treno 21431, dentro uno dei vagoni. Monologo del prete.

In scena, il prete.

Il prete:

Ho pregato per te ogni volta che ho pregato per tutti. Perché bisogna pregare proprio per tutti, anche per i propri persecutori e per chi come te, scellerato ha scelto la guerra ed ogni giorno combatte la pace.

Cosa dovrei fare per te ragazzo mio?

Cosa dovrei fare?

Pregare perché i tuoi proiettili lacerino i tuoi nemici?

Pregare perché il tuono dei cannoni del tuo esercito

sia più forte delle urla dei tuoi avversari feriti?
Perché le frontiere che innalzerai siano invalicabili
per le vedove degli sconfitti, perché i terreni che
arerai col sale della violenza siano la sola patria degli
orfani che provocherai?
Anche un soldato ha una coscienza e dovrebbe
servirsene bene.
La cieca, pronta ed assoluta obbedienza non è più
una virtù, ma la più subdola delle tentazioni. Questo
dovrebbero saperlo tutti in Islam come in Occidente,
in Africa come in Asia.
Ci sono scuole dove si insegna ad odiare, a diventare
macchine. Macchine da guerra. In nome di cosa?
Senz'altro non di Dio, di Allah.
Non esistono guerre giuste, tanto meno guerre
sante. Non sono mai esistite. L'unico modo
umanamente sensato di comprendere la guerra è
quello di guardarla con gli occhi delle vittime.
Divide et impera, dicevano i latini.
Divide and conquer. Dividi e conquista. Dicono gli
imperialisti oggi.
E così è da sempre la storia dell'uomo.
Come si fa a dividere il mondo in americani e
stranieri, afgani e stranieri, cinesi e stranieri?
Eppure la pace è possibile.
Perché altrimenti questo tumulto di nazioni,
Questo vano fremere di genti?
I progressi della scienza, le ricchezze accumulate da
pochi uomini nel mondo, potrebbero fare sparire o
almeno ridurre sensibilmente la povertà, la malattia,
l'ignoranza.

La ricchezza non è nient'altro che perversione se
ignora la povertà che bussa alla sua porta.

(Raccoglie un calendario da terra.)

Cos'è questo? Un calendario che conta i santi. Ogni
tanto se ne vede qualcuno in giro,
ma per quanto ancora? Stanno togliendo Dio
dappertutto. Dagli uffici, dalle scuole, presto o tardi
lo toglieranno anche dai calendari. Per mettere cosa
al suo posto? Barzellette di comici, foto di donne,
frasi motivazionali e consigli per investire.
Stanno preparando un mondo senza Dio, senza
capire che un mondo senza Dio è mille volte
peggiore di un mondo diviso dalle religioni.
E la colpa è di tutti.
Senza il timore di Dio il mondo diventa un posto di
cui avere veramente paura.
Prima della fine di questo secolo
La scienza donerà all'uomo l'immortalità
Ma a quale prezzo?
Al prezzo del suo cuore.
La scienza donerà ai ricchi e ai potenti della terra un
corpo immortale.
Tornerà un ventre senza ventre la natura.
Gesù aveva ragione:
Quale vantaggio avrà l'uomo se guadagnerà il
mondo intero e poi perderà la propria anima?

Esce il prete.

Scena quarta - Treno 21431, dentro uno dei vagoni. Memoria e oblio si mescolano insieme, il realmente accaduto si siede in disparte per lasciare all'emozione del momento decidere cosa è più giusto raccontare.

In scena, il poeta.

Poeta:
Tra gli sguardi e la gente. Tra la pioggia e il mare. Tra le stelle e il cielo. Ti sento essere dove più mi manchi.
Difficile capire cosa siamo stati e cosa avremmo potuto essere mai.
Che giorno era, che tempo faceva, l'ultima volta che con speranza ho pensato a te, abbiamo pensato a noi?

Non lo so, non mi ricordo. Ho smesso di cercati.
Ho smesso di cercarti e non perché tu hai continuato a non farti trovare, ma perché per me, era arrivato il momento totale di smettere di cercare tutto.

Ed oggi. Eccomi qua. Con la faccia di chi sa che deve partire. Sempre io. Forse mai come ora. I miei sogni d'amore e io. La mia sete di felicità e io. Questa lettera e io.
Innamorarmi di te.
E' stato un po' come innamorarsi di un raggio di sole o di una rosa non colta.
Ma poi,
può il sole spengersi all'improvviso? Può la rosa chiamarsi rosa in questo tempo dove ci sono uomini

che guardano con invidia il pane di altri uomini?
Può davvero il male di vivere strappare totalmente,
violentare per sempre il senso della vita?
Non lo so.
Ma so che non mi importa di sapere, che andare
avanti mi fa troppo male.
Madrid ed un altro viaggio tanto per fare. Un altro
bagaglio da chiudere, da aprire. Per una partenza
senza senso e senza arrivo, come la mia vita.
Per questo ho deciso di fermarmi.
Mi fermo qui, ma avrei potuto fermarmi ovunque.
Mi è stato detto: tu sei arabo o occidentale? Non
puoi restare neutrale.
Mi è stato detto: tu sei un uomo o un automa? Non
puoi vivere senza pensare.
Domande stupide, stupide e bestiali, estreme e
banali.
Soprattutto per qualcuno come me che si sente
niente.
Che non può non voler essere niente.
Questa guerra è la loro guerra. Questa guerra non mi
appartiene.
Paradiso ed inferno sono non luoghi che esistono
senza tempo. Che non esistono e basta.
Perché la vita è adesso o non sarà mai vita.
Perché la vita è un essere nel non essere.
Come il mio amore che oggi è non amore.
Ed io,
Arrivato ala fine di tutto.
Non lo faccio per loro.
Non lo faccio per te.

Lo faccio per ogni sorgente avvelenata.
Per ogni animale martoriato.
Per ogni uomo reso schiavo dall'ignoranza e dalla
povertà.
Lo faccio per il dolore della neve quando cade.
Lo faccio perchè non si chieda dov'erano i poeti?
Perché non si chieda dove erano.
Quando si calpestavano i deboli e si schiacciavano gli
umili.
Quando per volere la pace si preparava al guerra.
Lo faccio perché nessuno dovrà chiedersi dove
erano. Dove erano i poeti?
Quando l'intero pianeta era un carcere di cenere
E l'unico modo di evadere era bruciare il mondo?
Lo faccio è assurdo. Ed io. Il più assurdo di tutti.
Antidestino triste.
Con la pienezza del nulla. Il vuoto dell'intero.
Lo faccio perché è questo che devono fare oggi i
poeti.
Mancare.
Colpire la terra piuttosto che ingioiellare il mare.
Ferire l'anima del mondo per fare ricordare al
mondo di avere un'anima.
Come potevo continuare ad amarti
quando la gioia è un animale da corrida, l'amore un
gladiatore da colosseo?
E finalmente,
Come uno straccio che non serve più,
un pazzo che ha vissuto male.
riposerò a terra per sempre.

Buio.

Ed io,
Nero come uno scoglio la notte
Smarrito,
Stringo spaventoso questo pezzo di morte.
Per l'ultima volta.
Forte sarà il vento addosso alla mia vela.

Lo so,
Aggiungerò un dolore grande al già grande dolore
del mondo.

Perdonami. perdonatemi tutti.

Ore 07:39: tre bombe esplodono sul treno 21431 nel binario 2 all'interno della stazione di Atocha. Pochi secondi dopo, quattro bombe esplodono sul treno 17305 in prossimità della via Téllez, a 500 metri dalla stazione di Atocha.

Ore 07:41: due bombe esplodono sul treno 21435 nella stazione di El Pozo del Tío Raimundo.
Ore 07:42: una bomba esplode nel treno 21713 alla stazione di Santa Eugenia.

Scena quinta – l'invito

In scena una voce, forse Dio:

Venite a Vedere Madrid
Venite a vedere Madrid e tutta la Spagna e il suo cuore antico di penisola errante. Venite a vedere le sue strade e le sue piazze piene di sogni inseguiti, di

vite confuse, di promesse mancate.
Blasfemi, venite a vedere le vergini del vostro
paradiso ballare sul nostro sangue.
Poveretti.
Avanti!
Assassini!
Venite a vedere le nostre democrazie da migliorare,
ma fieramente delle democrazie.
Venite a vedere i figli che abbracciano i loro padri,
venite a vedere la forza che ci avete dato, il coraggio
che non si è mi piegato, l'orgoglio che è rinato.
Venite a vedere.
E adesso.
Adesso che brucia il cielo dove volano le ali di questo
perdono gelido.
Venite a vedere. Infami.
Adesso che il pianto è finito, ancora vi colino
addosso le nostre lacrime. La vostra vigliaccheria.
Che la nostra memoria sia il vostro rimorso. E il
vostro rimorso sia solo vostro.

Sipario

FINE

(*)

Testo del volantino distribuito dallo studente anarchico e dalla seconda turista.

SIGNORI PRESIDENTI,
Beata la pioggia perché lava le facce dei morti,
Beata la strada perché è di tutti più del viaggio,
Beato il sogno perché è come la strada.
Beati i popoli quando si alzano, si ribellano
a vivere spogliati nella speranza, arresi ad aspettare.
Beata l'attesa della gioia quando è vissuta amando il mondo.

Signori Presidenti,
ho impiegato trent'anni per scrivere questa lettera,
scusate il ritardo,
ma ad ogni lettera sono inciampato in un cadavere,
dietro ogni sillaba ho incontrato un uomo in fiamme.

Più lenta di me non sia la Vostra mano, il Vostro orecchio,
Signori Presidenti,
Giusto una riga nei prossimi libri di storia.
Voi,
Padri di miliardi di figli,
che avete miliardi di figli senza essere padri.
Voi,
Quando è stata distrutta ogni ara e piramide

Quando con le loro pietre sono nate chiese, templi e
moschee
Quando moschee, templi e chiese
hanno cominciato a cadere, a rovinare
per fare spazio a parcheggi multipiano e centri
commerciali
Voi,
Vecchi che dirigete un mondo nuovo
senza sapere che è nuovo
prendete quelle stesse pietre in mano
ed ascoltate:

Perché è a Voi che ora io dico:

Io accuso! :

Accuso le Democrazie Occidentali
La più grande farsa della Storia dell'Umanità

Accuso i Poteri Africani
Padroni in catene,
scalzi senza mai essere liberi, semplici senza mai essere
giusti

Accuso i Regimi Atei e Religiosi
Regni della paura,
Posti dove è chiamato mostro chi usa la ragione

Accuso i Comandi Sudamericani
Mai insieme,
neanche quando insieme hanno perso ogni guerra.

Indecenti per chi ha un cuore
Accuso i vostri mezzi di comunicazione:

per ogni titanic che sta affondando,
è loro la musica che non ha smesso di suonare.

Quando nelle carezze dell'Essere,
la voglia di pace batte sui vetri
come la neve che cade nelle favole,
Come dentro una ferita che da sola non sa rimarginare;
Tremante e vicina come il cielo fra gli alberi,
Semplice e fragile come un giglio che ha perso le sue
radici,
Una bambina corre con in mano una piuma.
Una bambina canta l'innocenza del mondo.
Una bambina vi guarda
e vi vede:
Topolini dalle grandi orecchie.
Siete Voi!
Siete l'Occhio del cecchino, il Coltellaccio del boia, la
Notte del traditore.
Siete Voi! Siete Voi!
Burattini disperati,
Ostaggi di uno strano male,
intanto che ricoprite d'oro e di plastica i Vostri fili
infami,
camminano fra nuovi massacri le Vostre scarpe nuove.

Signori presidenti, è nata per correre,
per correre ed imparare
sempre ed in continuazione
quella bambina!
E allora, prima di darle un passato da vendicare,
un Dio da temere,
un vicino da odiare e combattere,
una casa dove nascondersi,
un ufficio dove invecchiare;

prima che raggiunga le Vostre tombe
Salvatela!
Cambiate, oppure
Andatevene!
Liberate il mondo dal Vostro ego
e regalatele un mondo da cambiare.
E quando io scrivo cambiare
Voi,
Signori Presidenti,
leggete pure i pensieri più alti e nobili
che siete capaci di pensare.

www.ingramcontent.com/pod-product-compliance
Lightning Source LLC
Chambersburg PA
CBHW022026170526
45157CB00003B/1376